REFLEXÕES DIÁRIAS DE BLANDINA

Solicite nosso catálogo completo, com mais de 350 títulos, onde você encontra as melhores opções do bom livro espírita: literatura infantojuvenil, contos, obras biográficas e de autoajuda, mensagens espirituais, romances, estudos doutrinários, obras básicas de Allan Kardec, e mais os esclarecedores cursos e estudos para aplicação no centro espírita – iniciação, mediunidade, reuniões mediúnicas, oratória, desobsessão, fluidos e passes.

E caso não encontre os nossos livros na livraria de sua preferência, solicite o endereço de nosso distribuidor mais próximo de você.

Edição e distribuição

EDITORA EME
Caixa Postal 1820 – CEP 13360-000 – Capivari-SP
Telefones: (19) 3491-7000 | 3491-5449
Vivo (19) 9 9983-2575 ☎ | Claro (19) 9 9317-2800
vendas@editoraeme.com.br – www.editoraeme.com.br

CÉSAR CRISPINIANO
PELO ESPÍRITO **BLANDINA**

REFLEXÕES DIÁRIAS DE BLANDINA

CAPIVARI-SP • 2022

© 2018 César Crispiniano

Os direitos autorais desta obra foram cedidos pelo autor para a Editora EME, o que propicia a venda dos livros com preços mais acessíveis e a manutenção de campanhas com preços especiais a Clubes do Livro de todo o Brasil.

A Editora EME mantém o Centro Espírita "Mensagem de Esperança" e patrocina, junto com outras empresas, instituições de atendimento social de Capivari-SP.

3ª reimpressão – junho/2022 – de 5.001 a 8.000 exemplares

CAPA | André Stenico
PROJETO GRÁFICO E DIAGRAMAÇÃO | Victor Benatti
REVISÃO | Rosa Maria Sanches

Ficha catalográfica

Blandina, (Espírito)
    Reflexões diárias de Blandina / pelo espírito Blandina; [psicografado por] César Crispiniano – 3ª reimp. jun. 2022 – Capivari-SP: Editora EME.
    144 pág.

    1ª edição junho/2018
    ISBN 978-85-9544-059-3

1. Mediunidade. 2. Psicografia. 3. Mensagens mediúnicas. 4. Autoajuda. I. TÍTULO

CDD 133.9

SUMÁRIO

Reflexões diárias 9

1. Isso é contigo 11
2. O fogo, a pedra, a água e o vento 15
3. A arte educa 17
4. O caderno 21
5. A mulher 25
6. Natureza 29
7. O reflexo de nós 33
8. A perfeita ligação 37
9. Simplicidade 41
10. O homem 45

11. Levemente direciona ao Pai 47
12. Construtores do bem...........................53
13. Fuga de si mesmo 57
14. Luz e humanidade...............................61
15. Quando perdoamos.............................65
16. Renunciar é preciso 69
17. Poema otimista....................................73
18. Eterno luminar nas noites escuras 75
19. O eu e suas mudanças.........................79
20. Grandes mudanças.............................83
21. As pedras do caminho 87
22. Ser mãe..91
23. Tudo é luz..95
24. Construções mentais 99
25. Conflitos...103
26. É preciso transformar.......................107
27. A verdadeira pátria 109
28. O homem e o poder...........................113
29. Simples e singelo 117
30. Em conjunto......................................121

31. É preciso refletir 125
32. A criança 127
33. O livro 131
34. Gotas de orvalho que banham
    nossa alma 135
35. Breves instantes 139

REFLEXÕES DIÁRIAS

NA AFLIÇÃO DOS dias atuais, o ser humano se agita ante as dificuldades atrozes. Com o objetivo de contribuir para minorar esse quadro vivencial, dispusemo-nos, sob a orientação de Jesus, a traçar reflexões, frases, sonetos, pensamentos, de maneira que, juntos, logremos alcançar as metas tão aneladas por todos nós: o amor, a paz e a luz em nossos corações.

1

ISSO É CONTIGO

DESPERTAR CEDO E participar da tarefa da sopa fraterna, adquirindo as senhas para distribuí-las entre os moradores do bairro. Isso é contigo.

Recolher as contribuições:
– batatas que amaciam os sentimentos;
– cebolas que vazam lágrimas de contentamento;
– tomates que se assemelham aos corações amados;

– sal, verduras e pães para o preparo. Isso também será contigo.

Em seguida, debruçar-te-ás sobre a mesa e pôr-te-ás a picá-los, separadamente, para, depois, uni-los. Amigo, isso também tem possibilidade de ser contigo.

Outros se juntarão a ti para promover a união de sentimentos. Daí, o aroma misturar-se-á à alegria do trabalho. Isso faz parte da tarefa.

Aos poucos, os assistidos chegam. Gente simples do bairro sede e de outros circunvizinhos. Sentam-se e ouvem o Evangelho, relembrando as mensagens do Mestre e do amigo Chico. Recebem o alimento material, uma vez que o espiritual já foi servido. Comem, ingerindo as energias benéficas que ali foram depositadas pelos mentores espirituais. Isso é com todos.

Finalizar a tarefa:
– lavar a louça, assoalho, dependências;
– proferir a prece e, felizes, retornarem
para casa.
Isso é dever dos tarefeiros.

Destarte, em qualquer campo do trabalho no bem, observe que a parte mais fácil é contigo: servir sem humilhar. O mais difícil pertence àquele que estende a mão, pois busca receber sem ser rebaixado.

2

O FOGO, A PEDRA, A ÁGUA E O VENTO

O FOGO, FLAMA por flama, aquece e ilumina;
as palavras, de letra em letra, constroem o mundo.

A pedra, cascalho por cascalho, ergue casas e edifícios;
os pensamentos, de vibração em vibração, reconstroem o mundo.

A água, gota por gota, irriga a lavoura, multiplicando o pão;

os atos, de atitude em atitude, construem o mundo.

O vento, sopro por sopro, dissipa os miasmas negativos e purifica o ar;
os sonhos, de imaginação em imaginação, reconstroem o mundo.

O conjunto que compõe a natureza faz vibrar o amor em cada canto do Universo. Lembremo-nos sempre de que, para isso, é necessária a nossa cooperação, reconstruindo, aos poucos, o Mundo.

3

A ARTE EDUCA

– *O livro educa*
quando contém ensinamentos que revelam a sabedoria do amor, a prática do bem ou o conhecimento científico que edifica.

– *A imagem educa*
quando retrata luzes, cores e ações que transformam e elevam o espírito às condições superiores.

– A música educa

quando vibrações são emitidas por meio de ondas sonoras, adentrando o pensamento e alterando a zona mental, tendo o bem e o belo como cifras das partituras.

– O teatro educa

quando a interpretação dos atores e as falas do texto retratam a evolução dos países, a história dos povos, a coragem e a vitória dos heróis, preservando a verdade em detrimento da mentira.

– A arte virtual educa

quando mergulha em um universo intangível, mas que toca os sentimentos, produzindo sensações edificantes, ao tempo em que cria laços fraternos entre pessoas distantes umas das outras.

– *A dança educa*
quando casais se encontram e se divertem, liberando a carga de energia negativa acumulada no ser endurecido, mantendo o amor e o carinho santificante e mútuo.

– *A manifestação popular educa*
quando idosos, adultos, jovens e crianças se juntam para manter viva a história da comunidade e celebrar a paz, florescendo a boa semente dos antepassados.

– *A cultura educa*
quando constrói modos simples e sinceros de agir e quando respeita e auxilia o próximo na continuidade da vida.

Quando as artes estiverem, definitivamente, inseridas no âmago do ser, transformarão pensamentos, falas, ações e emoções em expressões máximas do Amor do Cristo na Terra.

4

O CADERNO

NA VIDA, RABISCOS revelam os momentos vividos, contudo, devemos atentar que somente a Deus cabe relê-los. Caso o façamos, utilizemo-nos da compaixão, da tolerância, da benevolência para conosco.

Na estrela, observamos o início de nossa existência; contendo informações de quando éramos somente átomos desestruturados, em busca da individualização que alcançamos.

Na natureza, perscrutamos o que fomos ontem: um pouco da flor que exala aromas, do animal que exercita o amor junto aos filhotes, da água cristalina que desvela clareza, pureza e profundidade.

Na consciência, encontramos as leis que regem o universo, um caderno com muitas histórias: o ser primitivo do passado, o ser em busca de continuidade hoje, o ser que almeja a perfeição amanhã.

Somos o caderno, nele há registros da eternidade, da vida terrena, dos momentos compartilhados, com todos os lances. Deus guarda as páginas com os fatos experimentados, enquanto nós escrevemos novos capítulos, com verdades, mentiras, lutas, sabedoria... Mas seguimos, caminhamos, buscamos, almejamos.

Na jornada, é bom revisar o que escrevemos, ouvimos, desenhamos, agimos e falamos, pois tudo fará parte do caderno. Muitas páginas se perderão, outras estacionarão, outras serão vãs. Somente aquelas que dedicas ao amor serão eternas.

5

A MULHER

– *A tiara adorna a cabeça,*

mas o pensamento é o veículo que guia às cumeadas sublimes e promove, verdadeiramente, a harmonia das emoções, espargindo novas informações no ser.

– *O colar enfeita o colo,*

mas a alimentação saudável que passa pela garganta e as palavras que dali saem são requisitos fundamentais para o equilíbrio das energias do corpo em seu embate diário.

– *A cinta revela quadris com silhuetas perfeitas,*

mas o sexo em harmonia, trabalhando a vinda de novas existências, é fundamental para o crescimento espiritual dos que estão comprometidos com a busca da vida eterna.

– *A pulseira tilinta e fascina,*

mas a mão ágil no serviço do bem e na construção de novos hábitos garante um amanhã mais feliz, cheio de certezas de que dias melhores virão.

– *O anel informa quais são as mãos comprometidas e as casadoiras,*

mas é no convívio familiar que cada um revela a sua personalidade e, se tem a oportunidade de renovar-se, à medida que auxilia na mudança do próximo.

– A sandália revela passos lentos ou ligeiros, mas o caminho trilhado rumo às conquistas do amor crístico é que proporcionará ao ser a dignidade de se autointitular Herdeiro de Deus.

O corpo físico reflete a essência divina e, na convivência com o outro, perceberemos quem somos e nos reestruturaremos. Em todos os momentos nos comprometeremos com emoções e sentimentos sublimes, em troca constante. Assim, juntos, trilharemos novos caminhos e vidas.

6

NATUREZA

A ABELHA RETIRA da natureza o pólen necessário à fabricação do mel. Ao chegar à mesa do homem, alimenta-o, proporcionando-lhe saúde.

O novilho cresce e oferece esterco, unha, couro, berro, carne. Sustenta o homem, oferecendo-lhe conforto, fazendo-se matéria-prima para a fabricação de inúmeros artigos.

A formiga trabalha incessantemente para reformar a natureza. Com isso, a lavoura se torna mais produtiva, contribuindo com o sustento do homem, oferecendo-lhe frutas e legumes mais sadios.

O abutre, em voos rasantes, avista corpos em putrefação. Ao se alimentar desses elementos, promove a limpeza do meio ambiente, conferindo ao homem uma ambiência mais pura e agradável.

Os peixes exercem um importante trabalho diário. Revitalizam o próprio habitat, rios e mares, que, assim, propiciam alimento saudável ao homem e a outros seres vivos.

Os minúsculos fungos e bactérias reviram a terra. Dessa forma, preparam o humo ideal para o crescimento de árvores, ervas e plantas, que irão beneficiar o homem por séculos e séculos.

Os micróbios habitam o próprio corpo do homem, proporcionando-lhe boa digestão e manutenção do estado saudável. Sem eles, muita coisa seria diferente no ser.

Portanto, cabe perguntar: o que temos feito para a manutenção de todos esses seres que nos mantêm? Deus criou o mundo para benefício do homem. Não deve este amparar a natureza, nesse processo de permuta que faz do universo um espaço melhor para ser vivido? Quanto tempo ainda será preciso para o despertar? E, então, apanharmos o arado e plantarmos sementes novas na Terra para que seres vindouros venham abrilhantar a vida, com sabedoria e amor, para o homem.

7

O REFLEXO DE NÓS

AS ESTRELAS BRILHAM no espaço, refletindo distantes; porém, acompanhamos seu trabalho bem de perto, quando contemplamos sua luz.

As águas dos rios, lagos, córregos, oceanos, refletem o Céu que paira sobre elas, além da natureza que as circunda, formando um espelho gigantesco; no entanto, podemos sentir o seu frescor, quando nelas mergulhamos, ou quando delas nos servimos para aplacar a sede.

As árvores fixam suas imensas raízes no chão e se arrojam rumo ao Céu; contudo, podemos senti-las, quando descansamos e nos deliciamos à sua sombra, enquanto experimentamos seus frutos, aromas e cores.

Animais se refletem na natureza, desde os infinitesimais aos descomunais, modificando-a; entretanto, percebemos sua utilidade, quando nos colocamos em contato com eles no transporte, na alimentação, na diversão...

O ar, o frio, o calor são elementos invisíveis que se refletem no Planeta, equilibrando-o; não obstante, sentimo-los em estados diferentes, formando uma corrente ininterrupta de benesses que mantêm a vida.

Os edifícios, os medicamentos, os vestuários, e toda a sorte de criações da Humanidade se refletem diretamente na existência; mas, observamo-los com maior ênfase quando deles precisamos para evoluir em contato com a matéria.

O ser se reflete no ecossistema, alterando-o; tornando-se, assim, cocriador do mundo em que habita; contudo, somente no próximo enxergamos nosso verdadeiro reflexo.

Deus se reflete em sua criação, todavia, somente em nossa consciência observamos o Seu trabalho constante para a implantação do amor na Terra, através dos pensamentos, dos atos e das palavras que emitimos.

8

A PERFEITA LIGAÇÃO

QUANDO OS OLHOS veem, há o desafio de registrar na mente as imagens que se projetam à frente.

Quando mãos se movem, há o risco de manipular objetos e executar ações diversas.

Quando pés caminham, há a certeza de trilhar rumos diferentes a cada dia.

Quando bocas falam ou cantam, há o encanto das ondas sonoras alcançando a muitos.

Quando ouvidos escutam, há magia de sons adentrando o ser, a formularem novos pensamentos que se espalham pelo corpo.

Quando corpos vibram, há a sensação de energias embrenhando-se de modo invisível pela alma.

Olhos são as câmeras do ser que captam a vida e a aprisionam em imagens na mente.

Mãos são ferramentas da vida para manipularem o bem ao redor.

Pés são transportes fundamentais que seguem a jornada rumo ao Cristo.

Boca é alto-falante emitindo palavras sublimes que acalmam e refrigeram a alma.

Ouvidos são gravadores que absorvem os sons que serenam e instruem o espírito.

Corpo é máquina que guarda a sabedoria de Deus e projeta no futuro a semente plantada no agora.

Saber *olhar, tocar, falar, ouvir, sentir* e *seguir* com amor é fundamental para a carruagem promover a perfeita ligação com o Universo e seu Criador.

9

SIMPLICIDADE

O *pão* servido era dividido entre todos.

A *palavra amiga* era proclamada às multidões.

A *casa* era o templo, geralmente em locais distantes das cidades.

A *veste simples* era somente para proteger do calor e aquecer no frio.

O *caminhar constante* levava a lugares longínquos que careciam de alento.

A *amizade* contagiante não faltava aos assistidos.

A *mão amiga* levava consolo, ao tempo em que afagava e abrandava a dor do outro.

O *riso meigo* levava alegria aos que de esperança precisavam.

A *prece* proferida elevava o ser a Deus, ensinando-lhe o caminho da consciência tranquila.

Nada ficou por acabar, tudo completo em sua essência, cumprindo sempre o que o Pai designou:

Na *cruz*, o derradeiro ato, para a exemplificação do amor e do perdão: "Perdoa-lhes, eles não sabem o que fazem".

No *sepulcro* vazio, a vitória sobre a morte e a consagração da vida: "A paz esteja convosco! Como o Pai me enviou, eu vos envio também".

Nas palavras seguintes, a compaixão: "Simão, tu me amas?"

No caminho para Damasco, o resgate da ovelha desgarrada: "Levanta-te e entra na cidade!"

Na casa de João, cumpre sua missão de filho: "Mãe, vamos, pois me ensinaste a vencer."

Como, sendo detentor de tanta sabedoria, da certeza da vida futura, do conhecimento do amor e da luz, possuir tanta simplicidade?

10

O HOMEM

A *caneta* ajuda a escrever, mas são os *atos e as palavras* que registram a trajetória na Terra.

O *chapéu* protege a cabeça, mas são os *pensamentos* que traçam diretrizes seguras para a existência.

O *relógio* conta as horas, mas é na *eternidade* que se vive a verdadeira experiência da vida.

A *gravata* orna a garganta, mas são as *palavras* em comunicação com o outro que plasmam a existência atual e a vindoura.

O *cinto* oferece segurança ao traje, mas é o *equilíbrio* físico na área do sexo e da alimentação que proporciona serenidade ao corpo espiritual.

A *pasta* guarda documentos, mas é o *coração* que armazena os sentimentos necessários ao surgimento do homem maduro.

Os *sapatos* calçam os pés, mas são os *passos* em direção ao próximo que farão toda a diferença.

Tudo o que o homem carrega *consigo*, enquanto habitante da Terra, são ferramentas com as quais ergue sua morada no Reino de Deus.

11

LEVEMENTE DIRECIONA AO PAI

A área fora reservada ao suplício.

A trave vertical apontava em direção ao Divino.

A trave horizontal revelava a condição humana.

O prego prendia-o ao madeiro.

A cava dava sustentação ao objeto.

A nuvem aguardava inquieta.

O vento aliviava os condicionamentos da matéria.

O inconformado esperava.

O amigo chorava baixinho.
O fraco lavava as mãos.
O forte contemplava a cena em silêncio.
O discípulo buscava consolo nas lições.
A mãe enxugava as lágrimas.

Quem passava, parou, olhou, sensibilizou-se.
Quem ficou, buscou compreender.
Quem partiu, levou a dúvida.
Quem afirmava conhecê-lo, temeu.
Quem negava, arrependeu-se.
Quem traía, fugiu à culpa.

O humilde sentia-se recompensado.
O orgulhoso se desesperava.
O virtuoso confiava.

Quanto a Ele:

O olhar sereno contemplava benevolentemente.

Os lábios meigos falavam de perdão.

O ouvido brando escutava o arrependimento do irmão.

A respiração suave absorvia o aroma da tarde.

O corpo exalava o perfume da vida.

Pende! Logo após:

A terra macia receberia o corpo.

O espírito imortal vigiaria os últimos momentos.

O silêncio falaria aos ouvidos palavras belas.

O vozerio silenciaria a incredulidade.

Quanto aos outros:
Nos palácios, a festa os torturava.
Nos semblantes, o desespero.
Nas vestes, a opulência.
Nas taças, o vinho da sedução.
Nos salões, a discórdia.

Todavia, nada estava finalizado. Restava olhar o horizonte para revê-lo.
No sepultamento, o carinho do amigo emprestava-lhe o túmulo.
Nele fora depositado.

Dias depois, a amiga o avistaria.
O jardineiro era ele.
A família o esperava.
O amigo só tocando acreditaria.

Então...
Novamente caminha na praia.
Suavemente elucida questões.
Brandamente abraça irmãos.
Levemente sobe ao Pai.

Firmemente coordena o planeta.
Amigavelmente enxuga lágrimas.
Calmamente orienta ao caminho do bem.
Fraternalmente alivia angústias e dores.

Porque aquele que veio salvar, haverá de salvar sempre.
Porque aquele que aprender a amar, haverá de amar sempre.
O que é para sempre, para sempre perdura.
Só o efêmero é passageiro.
O Eterno é eterno.

12

CONSTRUTORES DO BEM

NEM SEMPRE PENSAMOS no que acontecerá antes de tomarmos decisões precipitadas, mas colhemos o que semeamos, ao tempo em que reformulamos as escolhas.

Nem sempre refletimos antes de falar, principalmente quando julgamos a atitude do outro, mas podemos mudar nossa conduta, ao tempo em que acalmamos a tempestade com a tolerância.

Nem sempre caminhamos por lugares sublimes e repletos de flores, mas seguimos no caminho que escolhemos, ao tempo em que nos redirecionamos junto aos novos momentos que surgem.

Nem sempre ouvimos o ideal para o nosso crescimento espiritual, mas temos a oportunidade de serenar as emoções, ao tempo em que extraímos da verbalização alheia o que de melhor nos convém.

Nem sempre agimos de modo correto, às vezes, esquecemo-nos do próximo, mas podemos permutar nossas ações, ao tempo em que evitamos que ele se comprometa com atitudes contrárias à lei de amor.

Nem sempre construímos edifícios para abrigar os necessitados, por falta de dinheiro, mas temos possibilidades, como construtores adjuntos do Cristo, de erguermos escadas que levam a Deus, com palavras, exemplos e ações que farão diferença aos olhos do outro.

13

FUGA DE SI MESMO

A FUGA DE si mesmo representa o primeiro passo para o suicídio.

Fugimos:

Quando desrespeitamos a opinião do próximo.

Quando faltamos com o perdão na hora justa.

Quando afirmamos nada poder fazer por nossa transformação.

Quando fingimos não ver a mão que pede ajuda.

Quando nos recusamos a levantar para auxiliar.

Quando não entendemos a dor do semelhante.

Quando a luz que trazemos em nós se apaga para dar vazão ao ódio.

Quando tentamos reaver o que perdemos a todo custo.

Quando ignoramos a lei de permuta dos sentimentos.

Quando não compreendemos as dificuldades alheias.

Quando nos deixamos levar pela inveja.

Quando nos distanciamos de Deus por atos e palavras.

Mas quando nos encontramos com a verdade que trazemos em nossa consciência, percebemos o real sentido da vida. Então nos levantamos e:

Corremos ao encontro do próximo.

Alegramo-nos em estender-lhe a mão amiga.

Convidamo-lo, incondicionalmente, para o nosso banquete.

Semeamos amor aos que sofrem.

Iluminamos os que não creem no Cristo.

Servimos com mais atenção.

Unimo-nos pelo poder da fé.

Vibramos em harmonia com Deus.

Expandimo-nos, pois nada nos limita.

Por fim, nos tornamos servos. E, sendo *servidores,* conhecemos a gratidão. *Gratos*, crescemos.

Crescendo, percebemos que a casa é o Universo, que a vida é imortal e que ao Criador pertence o direito de determinar o fim e o começo das nossas experiências.

Suicídio não é somente um fim antecipado, é também um começo precipitado.

14

LUZ E HUMANIDADE

A LUZ REVELA o conhecimento necessário à humanidade em cada fase de evolução.

A princípio, foi revelado o encontro da criatura com o Criador; no instante em que houve o rompimento entre duas etapas, o primeiro reconheceu o segundo como supremo.

Depois, o ser desejou compreender o *habitat* e desvendar os mistérios do Planeta; para tanto, obteve a ajuda de seres superiores; separou as glebas, construiu lares, viveu em família.

Em seguida, as palavras pronunciadas tornaram-se hieróglifos e, aos poucos, deram sentido às coisas, iniciando uma nova era. O pensamento livre tornou-se prisioneiro da escrita em tábuas, pergaminhos e pedras.

Avançou e reconheceu no outro a própria individualidade; assim, passou a conviver com a responsabilidade de crescer em grupo, percebendo a teia construída por ele como essencial à evolução.

Consequentemente, surgiram escolhas, e, por meio das escolhas, viu-se acorrentado às ideias, preconceitos e vícios; escravizou-se ao egoísmo e ao orgulho; entrelaçou-se aos débitos do passado. Confuso, vive o presente; angustiado, espera pelo futuro.

Então, surgiram conceitos, filosofias, crenças e religiões, com o objetivo de orientá-lo na jornada que leva a Deus. Entre elas, o espiritismo, que assume o papel primordial de iluminar o que estava obscuro e proporcionar a paz por meio de verdades eternas que fazem parte da natureza.

Assim, nos dias atuais, espíritos se articulam para levar conhecimento e consolo à humanidade, enquanto médiuns buscam o equilíbrio na prática da caridade e no exercício do bem, com a certeza de que somente mediante a fé inquebrantável alcançarão a vitória.

A luz que brilhou no princípio brilhará sempre, guiando-nos nas sendas da vida que nos direciona à perfeição.

15

QUANDO PERDOAMOS

QUANDO PERDOAMOS...

olhamos com amor, mesmo quando o ódio turva a mente e exige vingança;

sentimos carinho, mesmo quando o âmago está em desarmonia com as Leis Divinas;

ficamos serenos, mesmo quando os grilhões insistem em nos acorrentar às discórdias do passado;

buscamos novas energias, mesmo quando temos por alicerce a angústia;

dizemos "sim" à paz, mesmo quando o coração insiste em dizer "não" à tolerância;

dizemos "não" à dor, mesmo quando a mente insiste em dizer "sim" aos anseios de revanche;

dizemos "eu posso amar", mesmo quando todo o organismo vibra em sentido contrário;

dizemos "eu te amo", mesmo quando desejamos dizer "afasta-te de mim";

dobramo-nos diante do próprio orgulho, mesmo quando não percebemos o valor da simplicidade;

derramamos o beijo amigo, mesmo quando a raiva persiste;

serenamos os pensamentos, mesmo quando a capacidade de compreender está distante da aceitação;

acalentamos a desdita na figura singela e meiga da mãe, que, mesmo recebendo o filho nos braços, após o calvário, perdoou e continua amando a Humanidade.

16

RENUNCIAR É PRECISO

PARA A SEMENTE germinar e tornar-se árvore frondosa, com flores e frutos, necessário se fez renunciar à condição de ser inferior, soterrado em local escuro, vencer as dificuldades que a esmagavam, dividir o espaço com as outras e conquistar a individualidade.

Para o pássaro voar livre pelo céu e deslumbrar o mundo com cores e cantos, foi necessário abandonar o ninho que o abrigou nos primeiros momentos e desenvolver a coragem de vencer o infinito, subindo o mais alto que a vida pôde lhe proporcionar.

Para o rio tornar-se fonte de vida, banhando a terra, irrigando as plantações, fornecendo o líquido necessário à sobrevivência, foi necessário deixar o pequeno nascedouro, rasgar o solo e avançar rumo ao desconhecido, recebendo, como amigos, afluentes com diferentes conteúdos, até formar um manancial de águas cristalinas e alcançar o mar.

Para o vento soprar em todas as direções, dissipando os miasmas que tanto prejudicam o homem e levar as substâncias necessárias à existência no planeta, foi necessário descer dos bolsões mais altos e planar bem junto ao chão.

Para a pedra contribuir na construção de cidades, metrópoles e monumentos, foi necessário renunciar ao estado primitivo, aceitar ser lapidada e transportada ao lugar que melhor convinha ao arquiteto, adquirindo novos formatos que favoreceram o próprio crescimento.

Para o espírito avançar rumo ao amor que o criou, será necessário agir como:

a árvore que renuncia à posição inferior e sobe para a luz;

o pássaro que vence as incertezas para planar em lugares superiores;

o rio que aceita o outro como afluente em sua vida;

o ar que sopra para a construção de um mundo melhor;

a pedra que se transporta constantemente para lugares iluminados por Deus, onde promovem o bem, a paz e o amor.

17

POEMA OTIMISTA

A FLOR COLORE e exala perfumes que embelezam o jardim.

A terra produz os gérmens que promovem a vida.

A água orvalha e sacia a sede do viajor cansado.

O vento refresca mentes e corpos sequiosos de venturas.

O Sol aquece a crosta terrestre e faz brotar novos seres.

A Lua irradia energia e cria novas ondas de experiências.

A abelha leva o pólen para fomentar a vida.

O pássaro canta para encantar ouvidos humanos.

O cachorro late para guardar a quem mais ama.

O trem apita anunciando a chegada.

O homem, agitado, serena, pois é hora da partida.

A reencarnação anuncia nova vida.

18

ETERNO LUMINAR NAS NOITES ESCURAS

A TERRA PASSA por grandes avanços rumo à transformação, porém, requer de cada ser a cooperação para que o objetivo se conclua no tempo certo, uma vez que esse labor representa o crescimento dos filhos diante do Pai.

A natureza reclama maiores cuidados, lembrando que aqui residimos e retornaremos. Cada ser que dela faz parte deve contribuir para a edificação de um mundo melhor, servindo a criatura ao Criador.

Desprezar a palavra de carinho e o afago do irmão, agindo com indiferença e menosprezo com os que sofrem, não só nos distancia do objetivo, como nos coloca em posição de adversário desse processo evolutivo, nas lides do dia a dia. Ser disposto, atencioso, prestativo, caridoso, solidário, faz de nós construtores divinos das estrelas do infinito.

Transformar a nossa casa interior, adquirindo bons sentimentos, pensamentos positivos, ideias renovadas, atitudes que iluminam e ações no bem constante, converter-nos-á de criaturas em filhos de Deus, copartícipes da criação do Universo.

Quando o Sol se abrir no amanhã, e, com seus raios abraçar os seres do planeta de regeneração, estaremos reunidos ao Cristo nessa Terra da Promissão e de luz bendita, que é toda a Esfera, recebendo as bênçãos de Deus, eterno Luminar nas noites escuras.

Porque quem evolui são os seres, o planeta apenas sedia o espetáculo, como palco que é.

19

O EU E SUAS MUDANÇAS

QUANDO PERCEBEMOS A necessidade de conhecer o interior do ser humano para auxiliá-lo nos momentos de dor, dissecamos corpos e analisamos órgãos e tecidos. Seguindo a lógica, perscrutamos cada parte para compreender a sua função e saber quais os procedimentos para alcançar a cura desejada.

Contudo, faltava-nos conhecer a origem dos sentimentos, desejos e vontades. Com isso, passamos a verificar o comportamento, averiguar os pensamentos, investigar os neurônios. Tudo o que facilitasse a compreensão da casa mental. Muitas pesquisas e tratados foram publicados; debruçamo-nos sobre eles, veementemente.

Porém, ao encontrarmos a fonte dos desejos, ao compreendermos a reação do ser diante do desconhecido e verificar suas diferentes facetas, demo-nos por insatisfeitos, mas o estudo continuava incompleto, fosse na lógica, fosse na conclusão das ideias.

Então, recomeçamos e vislumbramos algo além do corpo físico, todavia, intrínseco a ele, pois lhe dava vida e sabedoria. Era o *espírito*, que traz de outras esferas, cultura, sentimentos, experiências, informações... Estudamo-lo e concluímos que ainda nos falta compreender qual o nosso verdadeiro papel diante da maravilha de Deus, o Universo.

Não que isso seja um segredo, mas falta-nos reconhecer que a maior sabedoria humana é compreender-se enquanto universo divino, crescendo e expandindo-se infinitamente para dentro e ininterruptamente para fora. Instante esse em que Deus nos apresenta novos conceitos e ideias oriundas das esferas superiores.

É preciso dizer a si mesmo: faço parte, sou parte, não estou à parte, e importar-se com isso.

20

GRANDES MUDANÇAS

INDÚSTRIAS PRODUZEM TODA a sorte de utensílios para a nossa satisfação. Entretanto, cabe-nos usar de modo adequado o que nos é oferecido, porque assim cultivaremos, em nós, somente a ambição necessária.

Máquinas oferecem-nos comodidades, contudo, não devemos acumular os bens somente para nós. Assim procedendo, não teremos de refazer o caminho da multiplicação dos pães.

Restaurantes, bares, clínicas de estética... oferecem-nos maravilhas. Entretanto, somente frequentando ambientes mais saudáveis, espiritualmente, conquistaremos a alegria e a beleza eterna que tanto almejamos.

Meios de transportes facilitam a locomoção e diminuem as distâncias, levando-nos em poucos segundos de um lado a outro. Porém, praticando atos nobres, seguindo de modo perene o caminho que leva ao amor, nós encontraremos a felicidade mais rapidamente.

Veículos de comunicação informam, em tempo real, o que antes levaria dias para alcançar os nossos sentidos. Contudo, faz-se necessário selecionar o que lemos, escrevemos, ouvimos, falamos e sentimos, pois estando em constante aprendizado, absorveremos hoje os elementos com os quais construiremos o amanhã.

Escolas e universidades ampliam o campo do saber, elucidam dúvidas e realizam novas descobertas, garantindo-nos um futuro seguro. Todavia, é no lar que descobriremos a nós mesmos, reconheceremos os nossos irmãos e plantaremos a boa semente da convivência saudável.

Religiões, seja qual for a sua denominação, pretendem levar o homem ao Senhor. Não obstante, cabe-nos compreender que somente aceitando os outros seres como são e a nós como somos, faremos desta existência a nossa escada para um mundo melhor.

21

AS PEDRAS
DO CAMINHO

ELE CAMINHOU SOBRE *pedras* e espinhos, respeitando e amando cada ser que se lhe apresentava com dores e sofrimentos.

Percorreu cidades e aldeias onde *pedras* lhe foram atiradas; e, expulso, abençoou e amou àqueles que não compreenderam a Boa-Nova.

Seguiu a jornada erguendo pensamentos, serenando emoções e abraçando corações de pessoas que imaginavam ser a vida uma *pedra* de difícil transporte.

Fez da própria vida exemplo para aqueles que, de coração duro como uma *pedra* construíram belos castelos em torno de si, mas que estavam repletos de tristeza.

Celebrou a última ceia sobre uma *pedra*, e, ao ouvir os apelos dos amigos, abraçou quem o negaria e beijou quem o trairia.

Nos derradeiros instantes foi erguido em um madeiro fincado sobre uma *pedra* bruta. De lá, admirou o infinito, falou do amor, do perdão e mostrou à humanidade o caminho ao Pai.

Posto sobre uma *pedra,* aguardou o momento propício para, mais uma vez, livre dos percalços da matéria, dar prova da imortalidade da alma e que a vida prossegue em todas as esferas do Universo.

Após a vitória sobre a morte, sentou-se em outra *pedra* às margens do Lago de Genesaré, e, olhando profundamente nos olhos de Simão, interrogou-lhe sobre o amor.

Assim, fez das *pedras* que lhes foram apresentadas a oportunidade de construir um mundo melhor para toda a Humanidade.

22

SER MÃE

– No início, o aprendizado.

Cedo, prepara o desjejum que irá alimentar toda a família, pois começa mais um dia de labor.

Dando continuidade, divide-se entre os serviços domésticos e as tarefas da empresa na qual trabalha para levar o pão à mesa.

Às vezes, está ausente ao meio-dia, cabendo à ajudante do lar a tarefa de auxiliá-la nos trabalhos caseiros; em outros momentos, encontra tempo e se ocupa com as refeições.

Ao findar a jornada diária, planeja, ao lado do esposo e filhos, o dia seguinte, questionando-lhes os problemas, procura auxiliar na educação destes e nas atividades daquele.

Deita-se e, durante o sono, encontra o repouso para um amanhã repleto de situações que a colocarão diante de novas provações.

– Quando desperta para as atividades sublimes, acrescenta o tempero do amor em tudo que faz.

Levanta-se e estampa no rosto um sorriso meigo para toda a família, debruça-se sobre eles com um abraço amigo, beija-lhes a face e orienta-os nas lides do dia a dia.

Em seguida, entra em contato com outros familiares, deseja saber se estão bem. Visita casas de caridade, frequenta reuniões de pais e mestres, auxilia o esposo no trabalho.

Serena os pensamentos para amparar o próximo, seja no templo, na casa vizinha, na empresa, em família.

Lembra-te sempre de que ser mãe, conselheira, amiga, não é uma atividade ocasional, mas uma condição espiritual conquistada ao longo das existências e para toda a vida.

23

TUDO É LUZ

OS SONS DOS acordes soaram na noite e, de todos os cantos da esfera, o silêncio foi rompido para acalmar as almas sofredoras que buscavam alegria.

As labaredas do conhecimento se levantaram e vozes, culturas e sentimentos brotaram, alicerçando a Nova Mensagem.

Os caminhos se alargaram para a passagem da turba e os mais curiosos se encantaram com as palavras e ações do Mestre.

Rios, lagos, casas e campos deram abrigo aos peregrinos. Ondas sonoras auxiliaram para que a voz alcançasse os ouvidos dos mais de cinco mil ouvintes.

O labor realizado pela comunidade serviu de inspiração para a produção de parábolas e histórias que foram narradas para ilustrar o pensamento do Pai.

Animais, plantas, pedras, sementes, terra, trigo, farinha, lírio, foram elementos que compuseram a mensagem que fortaleceria a imagem que se desejava criar na mente dos sequiosos de amor.

Mulheres e homens, crianças e idosos se juntaram para ouvi-lo. Fariseus e publicanos, escribas e toda a sorte de doutores da lei, ali estavam para juntos provocarem o fluxo e refluxo que fortaleceria a Boa-Nova.

O vento forte, a chuva branda, a palavra amiga, o olhar compassivo, a mão que afagava e o riso meigo se tornaram luz para iluminar o caminho daquele que veio nos ensinar a paz.

Muitos deram a sua parcela de contribuição na vinda da maior mensagem que promoveria a evolução humana. Ainda hoje, podemos fazer a nossa parte, se, ao nos levantarmos pela manhã, optarmos por redirecionar as nossas ações e praticarmos a lei de amor.

24

CONSTRUÇÕES MENTAIS

A MAIOR PRISÃO criada pelo ser foi erguida com seus próprios pensamentos.

Às vezes, imaginamos que fatos e ideias que nos cercam a vida surgiram do acaso ou foram programadas por Deus. Em verdade, elas nasceram da constante emissão de energias mentais com as quais formamos o mundo à nossa volta e o nosso interior.

– *Assim:*

Avançaremos com resignação ou viveremos mergulhados na dor e no sofrimento que nos estacionam na revolta?

Construiremos a paz ou continuaremos odiando e invejando o próximo, distanciando-nos da verdade imorredoura do Cristo?

Seguiremos fiéis à Boa-Nova ou ficaremos esperando que outros façam o que é de nossa responsabilidade realizar?

Buscaremos mudanças que correspondam às atitudes cristãs ou lavaremos as mãos, qual Pilatos, permanecendo na inação?

Almejaremos trilhar novos ideais, construindo continuamente o amor, ou seremos seres mergulhados no poço da escuridão?

Em qualquer atividade da vida, somos responsáveis e copartícipes daquilo que projetamos e realizamos. Rompendo os liames que nos prendem ao passado de tristezas e angústias, construiremos, no presente, o futuro de glória e redenção, com os recursos que já possuímos em nossa mente.

25

CONFLITOS

A GUERRA DIÁRIA que travamos no íntimo de nossa consciência é o reflexo do acúmulo de informações que absorvemos ao longo das existências transatas.

Atos praticados e pensamentos adquiridos na vivência consigo, com o próximo e com elementos que nos rodeiam são registrados em nós, causando o que chamamos de dores ou de paz de consciência.

Alegrias que não trazem satisfação, vícios da alma e falsa aceitação da vida formam o universo de discórdia que existe em nós e que celebramos todos os dias de modo consciente, provocando a desarmonia da qual tanto desejamos nos livrar.

A dor e a discórdia são diferentes no sentir, mas têm origem nos mesmos males: falta de serenidade, de afeto compartilhado, da alegria de estarmos juntos, de contentamento com o que possuímos; sentimentos que modificam nossas impressões.

Somente alcançaremos a luz almejada e a serenidade cristã, quando entendermos que conflitos são resultados daquilo que semeamos e que a guerra se instala quando nos levantamos para vencê-los dentro de nós, precisando a vitória ser conquistada.

O conflito é a estagnação da alma; a guerra, a sua evolução; a paz, o amadurecimento dos sentimentos.

26

É PRECISO TRANSFORMAR

A FOLHA SECA que cobre o chão indica que outrora houve vida em abundância, mas que se faz necessária a transformação para servir de adubo às outras que virão.

O animal em putrefação voava rasante sobre as águas e encantava o ar com seu canto suave; no entanto, a morte do corpo físico lhe proporcionou a oportunidade de alimentar outros irmãos.

A lagarta que rastejava isolou-se no casulo para receber a bênção da transformação e tornar-se a borboleta que voa suavemente sobre a floresta.

O rio que desce jamais volverá à nascente. Seguro, vence desafios para alcançar o mundo maior, o oceano. Tudo deixa para trás para saciar a Humanidade.

A pedra recortada em pequenos cubos pavimenta as ruas, contudo, sofreu o duro golpe da marreta para criar novos caminhos que serão trilhados por seres que lhe são indiferentes.

Assim, pensamento formulado, palavra pronunciada, ato realizado, imagem verificada, som absorvido, sentimento cristalizado, constroem continuamente outros mundos, que, no momento, são desconhecidos, mas brevemente, para nós se tornarão novas jornadas.

Transformar é preciso, sempre para o bem.

27

A VERDADEIRA PÁTRIA

EDIFICAÇÕES SÃO ERGUIDAS pelo homem: casas, prédios, praças, monumentos, mas não devemos olvidar da obrigação de construir o templo de Deus em nossos corações, para termos uma morada na pátria futura.

As novas tecnologias permitem a comunicação à distância; em segundos, vencemos barreiras geográficas e nos colocamos em contato com amigos e familiares; contudo, não devemos nos esquecer de que o principal convívio se dá lado a lado e que os veículos de comunicação mais apurados são: pensamentos elevados e sentimentos nobres.

A farmacologia vem promovendo a cura de muitos males da matéria; o que antes dizimava comunidades inteiras, hoje é resolvido com pequenos comprimidos. No entanto, todos os males têm origem na alma, precisando esta de cuidados urgentes, pois, como viajores eternos, lembrar-nos-emos de que ela deverá alcançar as estrelas.

A indústria da beleza proporciona incontáveis serviços ao corpo, rejuvenescendo-o, aumentando-lhe a resistência e delineando-o com formas perfeitas. Porém, precisamos nos alimentar continuamente de conhecimentos e sentimentos dignos para alcançarmos a perfeição. Livros, filmes, palestras, músicas e conversas edificantes proporcionam a verdadeira beleza d'alma.

A modernidade nos apresenta diferentes formações de grupos de convivência, seja na escola, no trabalho, no bairro, no clube de esporte, nas festas sociais. A convivência social é importante, mas o encontro com aqueles que fazem parte da nossa história evolutiva deve acontecer continuamente na base do respeito, da paz e do amor, porque é no grupo familiar que temos a oportunidade de conviver com quem mais de perto se comprometeu conosco.

As religiões erguem templos enormes, criam tarefas múltiplas, prometem bênçãos e milagres. Entretanto, Deus faz morada no íntimo do ser, cabendo a este a sua própria edificação, por meio do estudo e do exercício do amor. Só assim, a luz divina despertará em nossa consciência a cada novo amanhecer.

Construir o mundo material, alicerçando-o na verdade e no bem é fundamental para merecermos o universo de bênçãos que diariamente surge em nossa vida.

28

O HOMEM E
O PODER

DESPERTOU DE REPENTE e percebeu que o mundo à sua volta é composto de estruturas desconhecidas.

Colocou-se em contato com o Universo e as energias inundaram-lhe a mente e o coração com sentimentos vários.

Pôs-se a caminho e descobriu que o que estava à frente fazia parte de si, no entanto, vibrava em frequência diferente.

Tentou perscrutar o invisível conforme

a vida se lhe apresentava e descobriu possibilidades de crescimento.

Andou um pouco mais e se viu como ser que participa da criação do mundo que o cerca.

Raciocinou e buscou soluções para a moradia na construção de edifícios fabulosos.

Reformou o próprio corpo com vestes, joias, cirurgias, tornando-o morada preciosa aos olhos humanos.

Acumulou bens, e, assim, sentiu-se superior, escravizando o próximo, sem saber que escravizava a si mesmo.

Com isso, conseguiu, na transitoriedade da vida, a oportunidade de aumentar a arrogância, o orgulho e a vaidade, construindo a casa em que habita.

Então, desvelou o abuso do poder. Mas qual sentimento que, não sendo edificado na base do amor, é eterno?

Descobrirá, mais além, que o poder exercido de verdade não é aquele que se impõe ao próximo, mas o que cresce dentro de si e somente de si exige mudanças.

29

SIMPLES E SINGELO

A ÁRVORE OFERECE sombra para nos refrescar em dias de calor.

O pássaro dá-nos canto e beleza para nos alegrar em momentos tristes.

O solo dispõe de caminho sólido para oferecer-nos caminhadas seguras.

O vento sopra rápido para abrandar-nos os pensamentos que voam distantes.

A água molha a vida para nos resguardar da sede do dia a dia.

O sol brilha a cada amanhecer para construirmos novos sentimentos.

A noite escura traz repouso para descansarmos do labor.

A pedra bruta serve-nos de sustentáculo para construirmos a torre da vida.

A aliança une a família para evoluirmos em grupo.

O avião leva a lugares distantes para alcançarmos as realizações pessoais.

O barco transporta objetos úteis para termos acesso a novos conceitos e ideias.

Os veículos de comunicação proporcionam informação para facilitar nossa trajetória.

As artes encantam para nosso divertimento com amigos e familiares.

Tudo, de forma simples e singela, contribui para a nossa jornada; também nós, de modo simples e singelo, devemos contribuir com a jornada dos seres da natureza, principalmente com a do nosso próximo, rumo à perfeição que aguarda a todos.

30

EM CONJUNTO

AO CULTIVARMOS A amizade, teremos, como aliadas, pessoas que nos ampararão nos momentos de dor.

Ao nos separarmos do outro, injuriosamente, perderemos a chance de dividir os percalços da vida, tornando-a mais leve.

Ao nos ampararmos no próximo, vislumbraremos novo conjunto de pensamentos, ideias e intuições, dando-nos a oportunidade de nos refazermos continuamente, uma vez que no outro nos encontramos e reconhecemos o Deus que habita em nós.

Ao nos distanciarmos, perderemos a chance de verificar que o bem se constrói em conjunto, pois, quando olhamos nos olhos do semelhante com amor, percebemos que somos um só – viajores na casa do Pai.

Ao nos levantarmos, em cada novo dia, e partirmos ao encontro da multidão que segue buscando o Cristo para erguer edifícios que abrigarão possibilidades evolutivas, sejam hospitais, creches, asilos, orfanatos, estaremos transformando a Terra em um mundo melhor.

Ao seguirmos o personalismo e o egoísmo, pensando somente em nós, distanciar-nos-emos do convívio harmônico e nos tornaremos incapazes de fazer vibrar, no coração dos irmãos, a obra do Cristo que se revela todos os dias por meio de nossos atos e palavras.

Juntos, sempre amando, sempre servindo, sempre seguindo, chegaremos, juntos, onde queremos: a paz de todos.

31

É PRECISO REFLETIR

ACALME O CORAÇÃO para que o seu pulsar seja na intensidade do amor, mesmo diante da dor, do ódio, da maldade.

Asserene os atos para que o impulso das atividades diárias seja condizente com a vontade de atingir o bem, o outro, o todo, mesmo diante dos percalços da vida.

Seja comedido nas palavras para que o verbo reverbere no mundo de modo a não agredir a ninguém, mesmo diante da calúnia, da inveja e da maledicência.

Emita pensamentos em ondas positivas para que a casa mental seja a oficina de planejamento dos dias vindouros, mesmo diante das ideias fixas no mal e dos desejos de vingança.

Conduza os passos de modo seguro para que eles levem ao futuro de glória traçado, mesmo diante da possibilidade de fazer o dobro do percurso com aquele que pratica o mal.

Selecione os sons que penetram seus ouvidos para que alcancem a brandura almejada, mesmo diante dos gritos de discórdia, das ondas de dor e dos suplícios de angústias.

Quando iniciar o dia, reflita sobre a necessidade imperiosa de agir cristãmente, sempre vigilante, naquilo que pode, por fraqueza, fazer perder a jornada.

32

A CRIANÇA

A CRIANÇA, SÍMBOLO da inocência, traz no semblante a candura de um anjo e leva nos passos vacilantes a lembrança da fragilidade que precisa ser orientada ao equilíbrio.

Quando olha à frente, vê o mundo que traz dentro de si e, aos poucos, as experiências vividas em diferentes existências vão se revelando, carecendo de orientação em direção ao bem, à disciplina e ao amor.

Quando avança na jornada evolutiva, logo percebe que tem direito a escolhas e, conforme elege os dons da vida, pode angustiar-se por não conseguir o desejado e desistir dos sonhos de felicidade. Assim, é preciso esclarecê-la que são momentos e que para tudo existe o tempo e o lugar certo.

Quando procura por meio de gestos, lágrimas ou gritos dizer algo que está no âmago, deve-se levar em consideração que existe ali um espírito imortal que planeja e constrói continuamente, ao longo de eras, a casa mental na qual habita atualmente, sendo esta particular e própria de cada ser.

Fazer da criança um ser independente, ao tempo em que leva a família como referência, é muito importante para ela crescer segura.

A flor precisa do caule.
O mar carece das ondas.
O rio necessita do leito.
O pássaro cresce no ninho.
A folha pendura-se no galho.

Por sua vez, a criança necessita da força do caule do nosso amor, das ondas de nossas palavras doces, do leito macio do nosso coração, do ninho de bênçãos dos nossos braços e dos galhos fortes das nossas ideias e pensamentos para alcançar a Deus.

33

O LIVRO

PÁGINAS E PÁGINAS são escritas diariamente para registrar fatos históricos, momentos atuais, novas invenções, leis que regem a sociedade.

Em todas as religiões, páginas são redigidas para aglomerar normas de conduta, sejam elas cristãs, budistas, hinduístas... orientando o ser rumo ao Superior.

Países registram histórias, destacam heróis e enaltecem feitos para que aqueles que virão tenham acesso às ideias e pensamentos do passado.

Grandes bibliotecas e locais de estudo são erguidos; a tecnologia surgiu dando a oportunidade de, em um só sítio da internet, armazenar diversos assuntos, em várias línguas, com diferentes opiniões.

Não obstante, apenas no corpo astral está escrita a verdadeira história de vida, ali registrada através do comportamento de cada um e se expressa no convívio social por meio de atos e palavras.

Desejas escrever o livro da vida contendo melhores momentos e refletindo a imagem do Cristo? Então, ponha:

palavras de amor que ergam os caídos;

olhares de perdão que alegrem os ofensores;

mãos de ajuda que construam o bem;

pés de luz que trilhem caminhos e iluminem almas;

gestos de paz que abrandem corações;

sons harmônicos que encantem a vida e, sobretudo, pensamentos cristãos que direcionem para a verdade – DEUS.

34

GOTAS DE ORVALHO QUE BANHAM NOSSA ALMA

QUANDO TE BANHASTE nas águas serenas do Lago Genesareno, sentiste a alma inundada por novas folhagens que se ramificavam na margem, de onde o Cristo te olhava com a candura do irmão que deseja: *Vence por meio do amor!*

Quando mergulhaste os pés no sal profundo do Lago Morto, sentiste revigorarem as energias e, unindo-te às leis cósmicas que regem o Universo, te integraste a tudo o que faz parte da criação divina. Ao longe, sobre a montanha, o Mestre mirava-te, e, com brandura, envolvia-te em ondas de paz e ventura, afirmando: *Vai e prega o amor em todas as nações!*

Quando submergiste nas águas velozes do rio Jordão, buscaste nova vida, sentindo que nada era como antes, que tudo se expandia ao infinito. Então, percebeste que o agora faz parte do eterno. Enquanto isso, ao teu lado, o Mestre mergulhava para trazer-te à tona e à realidade divina da vida com o Pai, quando declarou: *Eis o meu filho muito amado em quem tenho toda a alegria!*

Quando, sob o orvalho da manhã e das lágrimas da tarde, sentiste a energia sublime do Messias te envolvendo, provocando mudanças eternas, foi porque tu escolheste o amor como caminho a ser seguido, revelando que, nos ideais nobres em que te banhas, sempre a energia revigorante de Deus trabalha a tua essência, concluindo pela máxima: *Eu sou o caminho, a verdade e a vida*.

35

BREVES INSTANTES

– A vida é composta de breves instantes

Um instante para nascer, outro para crescer.

Um instante para aprender, outro para se desenvolver.

Um instante para refletir, outro para agir.

A calma é um instante para analisar.

A lógica é um instante para raciocinar.

A cólera é um instante para calar.

O ódio é um instante para amar.

– Na vida, encontramos pessoas por instantes, mas que representam eternidades.

A mãe, por instantes, nos orienta o crescimento espiritual.

O pai, por instantes, nos orienta a evolução intelectual.

O irmão, por instantes, nos ensina a dividir com amor.

O cônjuge, por instantes, nos ensina a viver em união.

– Mas podem ocorrer instantes de dor

A separação é um instante que nos leva a novas oportunidades.

A desencarnação é um instante que nos leva a ampliar a visão.

A violência é um instante que nos leva à análise dos sentimentos.

A angústia é um instante que nos leva à interiorização do bem.

– Há outros instantes que cabem a Deus

Instantes de amor nos alçam a patamares evolutivos superiores.

Instantes de prática no bem ampliam o universo de luz que nos rodeia.

Instantes de solidariedade nos unem e promovem a paz.

Instantes de caridade socorrem o aflito e nos alimentam de calma.

Instantes de felicidade eternizam nossa alma em regiões sublimes.

Escolha o bem, pratique o bem, ame o bem, nem que seja por instantes.

VOCÊ PRECISA CONHECER

MENSAGENS DE SAÚDE ESPIRITUAL

Wilson Garcia e diversos autores
Autoajuda • 10x14 cm • 124 páginas

Com mensagens que auxiliam na sustentação do nível vibratório elevado, este livro busca acalentar corações, levar paz e tranquilidade a qualquer pessoa, sã ou enferma, do corpo ou da alma, e fazer desabrochar a flor da solidariedade em muitos espíritos encarnados.

HOJE

Chico Xavier • Emmanuel (espírito)
Mensagens mediúnicas • 10x14 cm • 96 páginas

Como cada dia é uma parcela do tempo que a Providência Divina concede a todos, Emmanuel, através da psicografia de Chico Xavier, nos traz sugestões e ideias para nos auxiliar a tomar as melhores decisões, de maneira a nos sentirmos tranquilos na marcha das ocorrências nascidas de nossas próprias opções. Não se trata de um conjunto de regras, porém de novos prismas para sabermos o que estamos fazendo do tempo que nos é concedido hoje.

VOCÊ PRECISA CONHECER

GETÚLIO VARGAS EM DOIS MUNDOS

Wanda A. Canutti • Eça de Queirós (espírito)
Romance mediúnico • 16x23 cm • 344 páginas

É uma obra que percorre importantes e polêmicos fatos da História, da época em que Vargas foi presidente do Brasil. E vai além: descreve seu retorno ao plano espiritual pelas portas do suicídio; o demorado restabelecimento das forças e da consciência, até ser capaz de analisar o encadeamento dos fatos de sua última trajetória terrena, intimamente relacionados com amigos e desafetos de tempos imemoriais.

A VINGANÇA DO JUDEU

Vera Kryzhanovskaia •
John Wilmot Rochester (espírito)
Romance mediúnico • 16x22,5 cm • 424 páginas

O clássico romance de Rochester agora pela EME, com nova tradução, retrata em cativante história de amor e ódio, os terríveis fatos causados pelos preconceitos de raça, classe social e fortuna e mostra ao leitor a influência benéfica exercida pelo espiritismo sobre a sociedade.

Não encontrando os livros da EME na livraria de sua preferência, solicite o endereço de nosso distribuidor mais próximo de você através de
Fones: (19) 3491-7000 / 3491-5449
(claro) 99317-2800 (vivo) 99983-2575 🟢
E-mail: vendas@editoraeme.com.br – Site: www.editoraeme.com.br